AF338557

SOUVENIRS

DU

RÉGIME COMMUNARD

A PARIS

PAR

LA COMTESSE PIA DE SAINT-HENRI

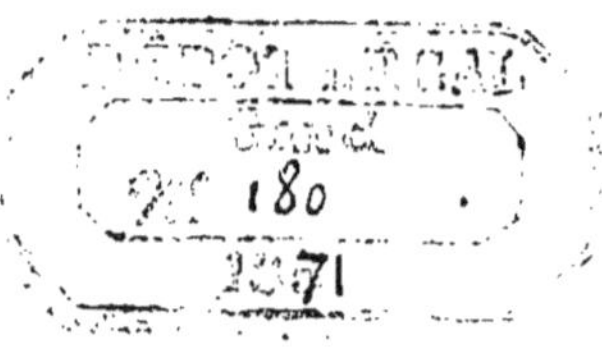

MARSEILLE

M^{us} LEBON, LIBRAIRE

rue Paradis, 43.

1871

AVANT-PROPOS

—

En livrant ce résumé de faits au public, j'ai voulu prouver, une fois de plus, quelle reconnaissance nous devons à notre armée, qui vient de délivrer la capitale de la France du régime le plus odieux qui fût jamais.

Honneur donc à ses chefs vaillants !!!

Honneur à nos soldats intrépides !!!

———

SOUVENIRS .

DU

RÉGIME COMMUNARD

I

Les desseins de Dieu sont impénétrables ; en vain nous efforçons-nous de sortir de la sphère étroite des connaissances et des prévisions humaines. Une main de fer nous arrête. « Nul ne franchit cette barrière que j'ai tracée, » s'écria un conquérant de l'antiquité, le fameux Alexandre, lorsqu'il eut élevé des autels pour rappeler à la postérité son passage dans l'Inde. Il se trompa : d'autres poussèrent plus loin leurs conquêtes et saluèrent, peut-être par un sourire de pitié, ces monuments, témoins irrécusables d'un orgueil trompé dans son attente. Ce qui est arrivé au héros des siècles reculés, nous l'avons vu encore de nos jours. Personne n'ira plus loin, personne n'égalera jamais la barbarie des Prussiens, avons-nous dit bien haut, et aujourd'hui, le front couvert de la rougeur de l'ignominie, nous sommes presque forcés de demander pardon à nos adversaires d'une accusation injuste et mensongère. Les Prussiens, ces barbares du dix-neuvième siècle, ont été surpassés dans leur œuvre dévastatrice. Ils avaient ébrêché des murs, d'autres les ont réduits en cendres ; leurs balles meurtrières ont fait maintes victimes, mais ce n'était pas au moins la main d'un compatriote, d'un frère qui dirigeait le coup et brisait l'existence d'un fils sur le cadavre encore palpitant de son père. La guerre a des lois fatales, l'insurrection que nos vaillants soldats viennent d'étouffer ne connaissait que le caprice du sang ; ses doigts, teints de cette pourpre homicide, viennent d'inscrire sur nos annales une page, honte éternelle de notre histoire et digne de figurer auprès des dates maudites des 21 janvier et 16 octobre 1793.

Que de fois, en lisant la relation des forfaits commis pendant la grande Révolution, la pensée, tout ceci est une sombre fiction, est venue en aide à notre orgueil et à notre amour de chrétien et de Français. Mais, hélas ! que dirons-nous à l'heure présente, où la fumée de l'incendie monte vers les nues, tandis que les cris déchirants des martyrs du devoir se répercutent encore à nos oreilles comme les derniers sons d'un écho lointain ? Saurons-nous les nier ces faits dont l'infamie soulève le cœur et forcerait nos lèvres d'en maudire les auteurs, si le Christ ne commandait pas le pardon ? Non, accablé par le fardeau écrasant de la triste actualité, nous lèverons nos yeux vers le ciel et frapperons nos poitrines en signe de douleur et de repentir.

Jamais l'on ne saura entièrement les mille et mille scènes de ce drame sanglant ; mais celles qui sont parvenues à notre connaissance suffisent pour nous montrer jusqu'ici où peut descendre l'homme qui se laisse flétrir par la passion. On n'efface pas impunément le sceau de la prédestination que Dieu lui-même nous a imposée en nous acceptant pour héritiers de sa gloire ; il sert à relever l'éclat, à manifester la grandeur de l'âme, serait-ce au plus profond abîme d'un sombre cachot ; mais aussi cette même empreinte manifeste encore plus clairement la dégradation de cet être abject qui demande à la bête fauve ses goûts dépravés pour l'imiter pendant peu de jours et la surpasser bientôt en cruauté et en furie.

II

C'était au commencement de mars. Les préliminaires de
la paix venaient d'être signés. Paris ouvrait ses portes, demandant à grands cris du pain pour réconforter ses enfants
à demi-morts d'inanition. Peu à peu les rues, jusque-là dé-
sertes, se repeuplent ; la vie succède à l'agonie, pendant
que l'Europe entière applaudit les braves défenseurs de sa
plus belle cité. Qu'ils pouvaient être fiers alors ces hommes intrépides qui avaient su lutter contre un ennemi su-
périeur en nombre et par sa stratégie militaire ! Rien n'a-
vait su arrêter leur élan généreux. En vain le feu et la
maladie décimaient leur nombre ; ils tenaient ferme à leur
poste d'*honneur*. Les blessés, à peine guéris, volent de
nouveau sur la tranchée ; d'autres, à demi-morts, se relè-
vent pour envoyer une dernière balle aux assiégeants ; puis
ils retombent et rendent le dernier soupir au cri de : « Vive
la France ! »

Parisiens, vous étiez dignes de nos applaudissements,
dignes de notre admiration, un vrai peuple roi !!!

Aussi l'Allemand ose à peine fouler le sol où sont morts
les héros du devoir ; s'il lui tarde d'entrer dans vos murs ,
c'est avec un respect religieux qu'il pénètre dans le sanctuaire du patriotisme ; il sait vous rendre justice et **exalte**
hautement votre courage et votre amour pour la patrie.

Hélas ! à quelques jours de là tout est changé. Une exaltation frénétique se manifeste dans certains quartiers. Des
gardes nationaux, le fusil au bras, sont campés sur les hau-
teurs de Montmartre. Des officiers, ceints d'une grande
écharpe rouge, le cigare à la bouche, se promènent dans
ces rues, où se réunissent plusieurs centaines d'hommes, de

femmes et d'enfants, groupés, dans un désordre confus, autour de pièces d'artillerie. Bientôt Montmartre est transformé en citadelle ; 91 pièces de canon, 76 mitrailleuses et 4 pièces de 12 y montrent leurs gueules béantes. Buttes-Chaumont reçoit 50 pièces ; la salle Marseillaise, 32 ; la Chapelle, 43 ; Clichy, 10 ; Belleville, 24 ; place des Vosges, 32 ; Ménilmontant, 42. De nombreux fusils sont distribués ; l'argent est semé à profusion ; chaque individu reçoit 4 fr., sans compter les rations abondantes d'eau-de-vie. Pourquoi tout cela, contre qui va-t-on donc engager une lutte ?

Contre les *ennemis* donc ; contre tous ceux qui ne sont pas fidèles à la sainte devise : *Liberté, Egalité, Fraternité.* En un mot, contre *Versailles, contre la France entière.*

Cette poignée d'hommes, à peine trois cents à leur début, veut s'ériger en *Commune* et prétend faire marcher au gré de ses caprices la nation entière.

Du premier moment on les laissa faire ; on pensait, comme le disait un de nos journalistes, « que le mépris public aurait raison de ces pauvres fanatiques. » Il n'en fut pas ainsi : les armes qu'ils avaient saisies pour *les soustraire aux Prussiens,* ils les conservèrent, et M. Jules Favre fut forcé de s'écrier ; *Je m'en accuse devant Dieu et devant la France d'avoir maintenu l'armement de la garde nationale au prix des sacrifices les plus pénibles.*

Le général Vinoy n'avait avec lui que 12,000 hommes. Il vit l'impossibilité de lutter avantageusement contre le nombre des insurgés et résolut de s'emparer de leurs canons de Montmartre par stratagème. La nuit venue, il détacha des soldats chargés d'en prendre possession. Ceux-ci se laissèrent surprendre, et tandis que des citoyennes soldées leur servaient à boire et à manger, le tocsin sonne ; un rassemblement formidable se forme, et M. le général apprend à la fois la non-réussite de son entreprise et la défection de deux régiments.

Le cœur navré de douleur, le vaillant chef dut se retirer dans ses casernes, où bientôt il allait être assailli par la multitude.

L'inaction forcée de la troupe consterna les habitants de Paris. Les souffrances du dernier siége étaient encore là, avec leurs souvenirs déchirants, et les bons Parisiens ne se souciaient nullement de tomber sous le règne des communards. Cent vingt mille prirent le parti de quitter la ville. Un nombre plus grand encore voulut imiter les premiers fugitifs ; mais, halte-là ! en vertu de la sainte liberté, la Commune défend de partir sans son consentement. Les vieillards seuls pouvaient acheter, au prix de l'or, la permission de chercher ailleurs paix et sécurité.

Cependant, il faut rendre justice en tout, quelques uns de ces républicains exemplaires avaient la conscience un peu plus large : ils établirent un commerce d'un genre nouveau, qui consistait tout simplement à descendre les individus par dessus les remparts ; cet acte de charité variait du prix de 3 à 25 francs, selon la mine du client.

Dès les premiers jours, les gardes nationaux amis de l'ordre avaient tenté une manifestation inoffensive, sans armes, portant tous la cocarde tricolore.

Mal leur advint de cette démarche et surtout de la confiance dans l'honneur des adversaires, qui ne se gênèrent nullement de tirer sur eux.

Concilier les deux partis était impossible ; les communards, méfiants bien qu'audacieux, cherchèrent à s'allier

tous les jours de nouveaux adeptes, par une solde large-
ment payée. Chose curieuse, on voit le comité faire une
emplète prodigieuse de liqueurs, spiritueux; doutait-elle
tant soit peu du courage de ses membres? ou bien était-il
convaincu, qu'il faut, même à l'homme le plus dégradé,
l'exaltation de l'ivresse pour se livrer aux forfaits qu'elle
méditait.

Pauvre Paris, tu devais avoir des moments où tu regret-
terais les Prussiens!!!

III.

Le 18 mars, les fédérés firent leur coup d'essai, un véritable coup de maître. Ne faut-il pas acheter la liberté au
prix du sang? Eh bien, ces fiers républicains, certes, ne
veulent point épargner ce baptême à leur drapeau ; seulement, ils suivent la tactique inverse au lieu de répandre
le leur pour la défense de leur cause, ils égorgent des
compatriotes. Les généraux Thomas et Lecomte furent, les
premiers, victimes de leur fureur insensée.

On les arrête sans aucune forme de procès, une vile
populace les escorte au milieu de huées et de vociférations,
on les entraîne dans un jardin, on les adosse contre un mur
et on les fusille. Les balles avaient tellement labouré leurs
cadavres, qu'ils étaient devenus méconnaissables. Quelle
mort pour des guerriers !!! Tomber sous le feu de lâches
assassins, après avoir bravé le trépas sur le champ de
l'honneur !!!

Chose incroyable et pourtant avérée, des femmes, de
jeunes enfants de huit à dix ans, venaient contempler ces
corps encore palpitants du dernier souffle vital, comme si
c'était n'importe quel autre objet de curiosité. Un gamin

arracha un des boutons de l'habit du général Lecomte, en disant : « Va, quand j'aurai un fusil, j'en tuerai de ces coquins. » D'autres trempèrent leur mouchoir dans ce sang qui ruisselait des blessures béantes, pour s'en faire un drapeau, et les mégères qui appelaient ces petits monstres leur fils, s'enorgueillissaient de ce patriotisme, et se félicitaient en disant : « Ça fera de bons citoyens. »

Ce fut là le signal des excès indescriptibles. Les 12,000 hommes du général Vinoy, vivement attaqués dans leurs casernes respectives, durent se refouler vers Versailles, qui allait devenir un point de jonction pour l'armée de l'ordre.

La Commune afficha hautement ce qu'elle appela son triomphe et commença ce gouvernement modèle duquel résulte la ruine complète de toute nation assez malheureuse pour tomber sous ses coups.

Des clubs s'organisent de toutes parts. Les sieurs cordonniers, paveurs de rues, etc., en deviennent les orateurs ; des vas-nu-pieds de toute nation forment l'auditoire, Eh grand Dieu ! quelles allocutions brillantes on entend dans ces tribunes. Qu'on me permette d'en citer un échantillon.

Citoyens, pas besoin de faire beaucoup de la blague: un bon coup de main ça fera marcher l'affaire, car voyez-vous, citoyens, faut pas perdre de temps, pour convaincre des bêtards ; faut les empoigner s'ils ne veulent pas venir avec nous, un coup de crosse dans le dos et coup de pied dans le.... et file, mon garçon.

C'est ainsi qu'un bon commandant haranguait ses subalternes destinés à aller à la réquisition d'hommes. Tout le monde devait combattre contre l'*ennemi*, les insurgés n'attendirent pas qu'on les attaquât, ils prirent l'offensive et commencèrent par mettre tout à feu et à sang dans les en-

virons de Paris. Le pauvre paysan même était suspect,
Trois laboureurs se trouvèrent dans leur champ, vers neuf
heures du matin. C'était dans les premiers jours de la se-
maine sainte. Un détachement de fédérés en marche sur
Neuilly les remarque et leur envoie, par manière de diver-
tissement, une grêle de balles. L'un des trois individus est
frappé au cœur, les autres sont légèrement blessés. Celui
qui venait d'être tué; était père de huit enfants, dont le plus
jeune avait deux jours ; sa femme, en apprenant la mort de
son mari, sent empirer son état ; le soir, elle l'avait rejoint
dans l'autre monde. Les autres villageois nourrirent un
peu chacun les pauvres orphelins. La Commune leur avait
pris les parents, quatorze jours plus tard, tout leur héritage
se consuma par les flammes. Les insurgés, après avoir logé
dans l'habitation l'incendièrent en partant.

Le mercredi-saint, les premières bombes tombent sur
Neuilly ; bientôt une véritable pluie de fer s'abat sur ce
gracieux faubourg, semant partout la mort et la destruction. Une heure fit jusqu'à quatre-vingts victimes, dont
la plupart des enfants et des femmes. Tour à tour, pris
et repris par les Versaillais et les communards, Neuilly
devint le théâtre des scènes les plus abominables ; la plume
se refuse de les retracer, mais, si les ruines pouvaient
parler......

Le couvent des religieuses dominicaines excita surtout
la rage des insurgés ; ils le croyaient fortement défendu et
s'y portèrent au nombre de 3,000. Les soldats encasernés
dans le monastère n'étaient que 25. Pendant plusieurs
heures, cette poignée de braves lutta contre les émeutiers ;
le ciel leur envoya enfin un secours de 125 hommes. Grâce
à ce renfort, ils défirent les assaillants.

A-t-on jamais vu un combat plus glorieux, un contre

vingt-cinq ? *Je m'en vanterai toute ma vie,* s'est écrié un des soldats ; puis se rétractant aussitôt : *non, j'aime mieux ne pas en parler, il faudrait dire qu'on a été obligé de se battre contre des compatriotes, et cela me navre trop le cœur.*

Dans une des maisons les plus proches de l'édifice religieux que nous venons de citer, logeaient un pauvre homme, sa femme et leur fille, âgée de dix-sept ans, aussi vertueuse que belle. Des fédérés pénètrent dans la maison, réquisitionnent tout ce qui s'y trouve : argent, provisions, etc., et laissent douze des leurs, qui s'y installent comme chez eux. Les parents, malgré tous leurs efforts, ne parviennent pas à contenter leurs hôtes ; on les insulte et l'on se porte aux dernières violences.

La pauvre jeune fille supplie, avec larmes, d'épargner les auteurs de ses jours, et livre la clef de la cave pour apaiser ces hommes sans cœur ; le lendemain, la troupe forcenée quitta cette famille heureuse jusqu'à ce jour. Elle laissa le père et la mère agenouillés devant le cadavre de leur enfant, qui n'avait pas survécu à son honneur.

A Issy, ce fut la même répétition scandaleuse et navrante. Le cimetière même ne fut pas à l'abri des recherches sacrilèges. Les tombeaux furent ouverts, les cendres qu'ils renfermaient jetées au vent.

Une jeune dame dont on avait enterré le mari, il y avait à peine un mois, reconnut entre les mains d'un de ces malfaiteurs le crucifix en argent doré qu'elle avait déposé entre les bras du cher défunt. Celui-ci, spéculant sur une douleur qu'il avait profanée, ne le lui vendit que pour la somme de 1,000 fr. La pauvre veuve crut qu'il s'était contenté d'enlever cet objet au mort ; elle se trompait. Quand elle revint sur l'emplacement du tombeau, elle le trouva vide ; des morceaux de pain , une bouteille d'eau-de-vie, d'autres restes d'un dîner y gisaient pêle-mêle. Les communards, peu délicats sur le choix de leur salon à manger et de leur chambre à coucher, avaient converti les cercueils, encore entiers, en table et lits. Ils buvaient et dormaient à deux pas des restes immondes qui infectaient et corrompaient l'air.

Dans les deux engagements des 6 et 7 mai, un des communards, ivre, comme toujours, s'égara en allant à la recherche de tabac. Il pouvait compter cinquante à cinquante-cinq ans ; il tomba entre les mains des Versaillais. On l'envoya ramasser trois gardes nationaux tombés non loin de la position qu'occupait le 109e de ligne. Il creusa la fosse avec un sang-froid parfait ; puis transporta sur son dos les trois cadavres, moitié consumés.

Lors de la prise de la gare de Clamart, quelques soldats, mus par un motif d'humanité, voulurent donner la sépulture à plusieurs insurgés laissés sur le champ. Dès qu'on les eut aperçus des forts, on leur tira dessus ; ce que voyant, nos Samaritains laissèrent leur œuvre inachevée.

Ils avaient de même fait feu sur les quatre cents des leurs qui s'étaient rendus au 42e de ligne. On voulut décréter, à la suite de cette reddition, une loi contre tout réfractaire ; mais lorsqu'il fallait en venir à l'exécution, MM. les communards en chefs ne surent *résister aux larmes et aux supplications* des vaillants guerriers, sur le point d'être punis. Il est probable qu'ils sentaient bien que *dégrader un communard c'est impossible!!!*

IV

L'état des choses, à l'intérieur de Paris, était encore au-dessus de tout ce que l'on peut s'imaginer de pire. Le siége des Prussiens n'était rien en comparaison de ce régime de la Terreur numéro deux. D'abord on décréta une conscription générale, tout homme de dix-sept à quarante ans devait porter les armes. On fouillait avec soin les maisons, du grenier à la cave, pour rechercher les mauvais citoyens, c'est-à-dire ceux qui refusaient de se battre contre l'armée. Quand aucune menace ne réussissait à faire fléchir la volonté de ces hommes d'honneur, on les incarcérait comme ôtages, les reléguant dans des caves froides et sombres, ou bien on les fusillait sur l'heure. Souvent la Commune était obéie, grâce à la peur qu'elle inspirait ; toutefois les chefs savaient jusques à quel point ils pouvaient compter sur la bravoure des masses pour maintenir tant soit peu le courage, ou plutôt pour le remplacer par une exaltation factice ; ils n'épargnaient pas les libations abondantes. Il est prouvé aujourd'hui que tous leurs combattants étaient toujours dans une ivresse complète.

Quelquefois cet amour prononcé pour les vins capiteux venait rendre service aux pauvres bourgeois. Un soir, une troupe d'une cinquantaine de communards se présente chez un riche négociant, avec ordre de lèur remettre 40,000 fr. dont elle avait besoin. Le chef de la maison, en fin matois, paraît recevoir cet ordre avec un calme parfait et prie les citoyens de vouloir bien lui faire l'honneur de boire un coup, en attendant que la somme soit complée. Le chef de la bande consent. Ils vident bon nombre de bouteilles ; le temps s'écoule et les buveurs ne cessent de se gorger d'eau-de-vie et de liqueurs. Ils se lèvent ivre-morts et ne sachant plus ce qu'ils avaient à faire. Quant au propriétaire, il avait eu le temps de mettre son avoir en sûreté.

Un autre jour, plusieurs des leurs vont se rendre chez une grosse bourgeoise, dont ils veulent enrégimenter le fils unique. Celle-ci, en les voyant arriver, avait eu hâte de s'affubler d'un grand châle rouge et elle les reçut de l'air le plus amical ; leur offrit à dîner, et fit si bien qu'avant deux heures ses convives roulaient sous la table. Elle s'empara alors du laisser-passer du chef et fit transporter les ivrognes en dehors de sa maison. Son fils, grâce au précieux document dont il était possesseur, put s'échapper, et vint prendre du service parmi nos soldats. Quant à la mère, elle crut prudent de changer de quartier.

Mais on n'en était pas toujours quitte à si bon compte. Une jeune femme, mariée depuis peu, voit entrer les réquisiteurs chez elle, au moment où elle allaitait son premier-né. On fouille la maison de haut en bas pour trouver le mari. Revenant auprès de la pauvre dame, l'un des forcenés se saisit du petit innocent qu'elle tenait au sein, et, faisant mine de le tuer : « Citoyenne, j'étrangle ton marmot si tu ne nous dis pas où ton mari est caché. » L'infortunée se jette à genoux et lève ses mains suppliantes vers le monstre, qui s'apprête à exécuter sa menace. En ce moment une balle vient fracasser la tête à ce dernier ; une porte secrète s'ouvre et celui qu'ils cherchaient paraît. Tous se ruent sur lui, et, tandis qu'on cherche à le désarmer, un autre, pour venger son compagnon, transperce le jeune enfant avec sa baïonnette. Un courage surhumain vient ranimer la mère ; elle se jette sur le bourreau de son fils ; une lutte affreuse s'engage : les communards étaient les plus nombreux. Ils se retirèrent, après une demi-heure, refermant la porte sur quatre cadavres et livrant la maison aux flammes.

Que dire des compagnies de citoyennes volontaires assimilées à la douzième légion? Ces femmes, travesties, qui avaient dépouillé avec l'habit toute pudeur, tout sentiment noble et pur de leur sexe, semblaient de véritables furies. Quand les hommes reculaient devant la cruauté d'un acte, elles étaient fières de l'accomplir. C'est aux citoyennes volontaires et aux *compagnonnes des communards* qu'il faut imputer la plus large part dans les atrocités commises. Elles étaient spécialement chargées de surveiller les suspectes : or, pour encourir cette accusation, il suffisait d'être une femme honnête.

Tous les moyens leur semblaient bons pour susciter des tracasseries à celles qui ne partageaient pas leurs sentiments. On parvenait parfois à attendrir un des fédérés, mais les citoyennes volontaires étaient inexorables. Un soir, on venait de fusiller le chef du 200e bataillon, et, de toute part, on s'entretenait d'un prétendu complot dont les soi-disant auteurs avaient déjà payé de la vie. Une pauvre fille, qui pouvait compter dix-huit à vingt ans, marchait d'un pas précipité vers une des prisons où l'on tenait des ôtages. Au bras, elle avait un petit panier couvert d'un mouchoir blanc. Une des bonnes patriotes s'approche, et, saisissant le signe suspect, s'en empare, à la grande stupéfaction de celle qui ignorait peut-être la signification de cette couleur.

Mais ce ne fut pas tout, notre citoyenne s'aperçoit que, sous le châle, son interlocutrice porte une chemisette blanche. C'en est trop! Elle lui arrache brutalement ces deux vêtements et se repaît de la confusion de la pauvre victime, donnée en spectacle, à demi-dénudée. Les mauvais propos ne se firent pas attendre. Un des assistants pose une main lascive sur le sein de la malheureuse, qui frémit à ce contact comme si un reptile venimeux l'eût touchée. De grosses larmes perlèrent à ses paupières, ce qui amusait encore davantage la brave citoyenne. Enfin un des assistants, touché de pitié, détacha sa grande ceinture rouge et la jeta sur l'épaule de la jeune fille ; il la prit sous le bras et l'entraîna au loin. Il fit plus. Le petit panier en question contenait du pain et de la viande destinés à un des détenus de la Commune, le père de cette pauvre enfant. Il se chargea de les lui faire parvenir. Hélas ! quand on remit le tout au portier de la prison, c'était trop tard ; on avait fait une nouvelle exécution dans la nuit : le père de la jeune fille comptait au nombre des morts.

C'était quelque chose de terrible que ces fusillades. Même au plus fort de la grande Révolution, on observait encore *pro-forma* un certain ordre de jugement. Ici rien de tout cela, on saisit les personnes, parce que tel est le bon plaisir de la Commune.

Il lui faut des ôtages destinés à payer de leur vie celle de ses membres qui tombent sur les barricades ; elle les prend où bon lui semble. Aujourd'hui, on lui tue un grand nombre de partisans, elle vole aux prisons ; un de ses représentants entre dans les cachots, il lit une longue liste de noms. Ceux qui sont désignés sortent dans une cour, et on les fusille. Sous Robespierre, du moins, on faisait juger et condamner ; Rigauld, ce Fouquier-Tinville moderne, ne se donne pas tant de peine. La Terreur envoyait des prêtres assermentés dans les cachots, la Commune, plus éclairée, laisse à peine cinq minutes à ses victimes pour se recueillir et se préparer à paraître devant Dieu.

Mais ce n'est pas seulement aux suspects que l'on en veut ; les communards savent aussi s'égorger entre eux.

Dombrowski, leur général, a manqué d'être poignardé aux avant-postes de Neuilly ; Delescluze, se voit incarcéré dans une prison où l'un de sa faction , a tracé sur la muraille : *Le citoyen Delescluze m'a fait mettre sous les verrous, je lui donne rendez-vous au même endroit.* Rossel encourt la même disgrâce. Un de leur colonel est fusillé, parce qu'il porte sur lui une somme qu'il doit tenir des Versaillais ; le premier venu l'assure , on le croit et on tue le soi-disant coupable. Un autre garde national condescend à accorder quelques soulagements à un malheureux prisonnier, on le chasse et le dit suspect.

Le *Réveil du peuple*, l'*Estafette,* la *Sociale,* la *Commune*, et le *Mot d'ordre* du fameux Rochefort, sont incessamment agités et versent l'huile dans la flamme. Tous leurs articles peuvent se résumer dans ce mot : « Déclame continuelle contre la religion et le gouvernement légitime.

Jamais on ne saurait comprendre comment des hommes doués de raison pouvaient soutenir la cause de la Commune, dont le bon sens seul devait récuser les actes infâmes et les excentricités inouïes.

Le citoyen Vaillant fait l'apologie du régicide ; un de ses amis déclare qu'il est temps d'empêcher le peuple de s'hébêter par la profession d'une religion quelconque, etc., etc. Pour discréditer les prêtres, on promène à travers les rues le cadavre de plusieurs femmes égorgées par les papistes. On a le cœur soulevé, quand, par malheur, on entend, ne fût-ce qu'une citation partielle de ces articles, et l'on se demande tout bas si dorénavant on osera encore s'avouer Français !!!

V.

Parlons maintenant de cette œuvre méritoire, s'il en fut jamais : la démolition de la colonne Vendôme ! Que de gloire il en revient à la Commune ! N'est-ce pas un acte grandiose que de faire tomber un monument public, l'orgueil de la cité où il se trouve, sur une couche de fumier et de sable, au son mélodieux de trois orchestres ? Quelles durent être enflammées les paroles du général Bergeret !!! surtout quand il vit les quatre drapeaux rouges flotter sur le piédestal ! On prétend toutefois qu'un sergent l'a surpassé pour l'éloquence ; ce dernier, aurait dû se rappeler la loi d'une égalité parfaite.

L'hôtel Thiers a été rasé de même. Pauvres communards, vous n'avez pas songé que la France pouvait en faire bâtir un autre !!!

Un projet plus vaste, celui de détruire les églises, n'a pu être effectué par la raison qu'on *avait besoin du local pour les clubs*. Rien de plus simple que cette transformation. Un détachement d'énergumènes pénètre dans le saint lieu, brise les tabernacles, vole les vases sacrés, profane les saintes espèces, si elles n'ont pas été enlevées, un des leurs s'installe dans la chaire et tout est dit. Le soir venu, les citoyens et leurs compagnonnes arrivent, se groupent comme bon leur semble, renouvellent dans la maison de Dieu des scènes dont Rome, dans sa décadence, eût rougi.

Qui n'a pas admiré cette lutte acharnée des paroissiens de Saint-Sulpice, ce cri : *Vive Dieu !* répondant aux vociférations de ces vils soldats ? ces femmes suppliant, à genoux, de laisser achever le saint-sacrifice ; et tant d'autres traits où, comme toujours, les bons, après une résistance inutile, furent obligés de céder un terrain qu'ils ne pouvaient conserver ? Les insurgés ne savaient reculer devant rien ; ils se moquaient impunément de tout ce qui est cher au cœur du chrétien.

A Saint-Eustache, ils mettent dans la bouche de la statue de la Vierge une pipe culotée ; à Saint-Severin, on lui arrache ses ornements et on l'habille en cantinière. Dans les paroisses où l'on ose faire la première communion, les enfants sont maltraités, les jeunes filles ne peuvent point mettre le costume et le voile blanc.

Des religieuses sont forcées d'adapter sur une robe noire la grande écharpe rouge, et ce sont les plus heureuses. Une communauté entière périt par un procédé bien simple : des communards pénètrent chez elles, les enferment dans l'église, et coupent les tuyaux de gaz ; dans moins d'une demie heure, les victimes furent asphyxiées, une allumette suffit pour convertir le couvent entier en un monceau de cendres.

Dans plusieurs autres couvents de femmes, les insurgés se logent tout à leur aise, et vont, à chaque heure du jour, faire rougir les épouses du Christ par leurs propos obscènes.

Faut-il parler des excès qu'ils ont commis chez les dames de Picpus (1). Je m'en abstiens, les journaux les ont relatés ; j'aime mieux dépeindre cette saturnale diabolique que les fédérés donnèrent dans une des églises des sœurs de Saint-Vincent, où une infâme bacchante dansa sur l'autel, sans même se voiler par une gaze transparente ; mais je ne m'en sens pas le courage. Ailleurs, ils pénètrent dans un modeste sanctuaire, où une mère prie avec ses filles devant une statue de la Madone. Ivres de sang et de carnage, ils ne savent pas seulement ce que veut cette femme qui se tord à leurs genoux ; ils ne voient qu'une chose, la beauté de ces anges éplorées, qui veulent se réfugier auprès de leur mère. Vains efforts, on les arrache de ses bras, pour les lui rendre souillées et flétries.

Une rage particulière semblait les animer contre les

____

(1) Quelles atroces calomnies n'a-t-on pas fait circuler sur leur compte ! on ne récuse pas de telles imputations, on les méprise. Tout le monde sait quels services ces dames rendent à la France par l'éducation exemplaire qu'elles donnent à leurs élèves.

sœurs de charité et les frères des Ecoles chrétiennes ; les fusiller comme les autres, c'était trop peu, on ne meurt qu'une fois, et les communards voulaient une de ces tortures lentes et mille fois plus cruelles que le trépas.

Par une raffinerie digne des barbares des premiers siècles, ils privèrent leurs captives de toute nourriture depuis le mardi jusqu'au vendredi, où ils leur servirent des viandes en abondance. A d'autres reprises, ils saisissent la plus jeune et menacent de la tuer sous les yeux de ses compagnes ; ou bien, l'un d'entre eux, faisant semblant de vouloir les sauver, leur porte des costumes de travestissement et leur aide à fuir. C'est quand ces pauvres malheureuses se croient hors de danger et remercient leur bienfaiteur par les accents les plus chaleureux, que celui-ci lève le masque, et les remets entre les mains de bourreaux plus cruels encore.

Et ce sont les mêmes sœurs qui ont soigné les blessés sur le champ de bataille !!!

La Commune n'a pas voulu de leurs offices charitables ; elle a préféré des citoyennes soldées, dont la négligence coupable hâtait le trépas des infortunés confiés à leur garde.

Un de leurs chirurgiens avait un remède souverain. Dans un but philantropique, sans doute, il achevait, par un coup de révolver, les malheureux qui réclamaient son secours. Du reste, la Commune abandonnait sans remords les mourants sur l'emplacement de la lutte. Elle fit mettre le feu aux Tuileries quand elle savait que 400 des siens y gisaient malades. L'un vaut l'autre.

Parfois des âmes charitables volaient auprès des blessés et les transportaient dans leur maison hopitalière, où les soins de la charité leur aidèrent à recouvrer la santé. Ainsi firent les Dominicains d'Arcueil. Un de ceux auquel ils avaient sauvé la vie de la sorte les dénonça à la Commune. Voilà la reconnaissance d'un insurgé ! ! ! Le ciel, sans doute, voulut accorder à ces saints religieux la palme du martyre. L'action du traître n'en est pas moins infâme.

Depuis le premier moment de leur incarcération, les fils de S. Dominique s'attendaient à la mort. Après les avoir traînés de prison en prison, le citoyen Cérisier reçut l'ordre de les exécuter. Depuis deux jours ils n'avaient pris aucune nourriture. Affaiblis, mais pleins d'une force d'âme qu'ils puisaient dans leurs croyances, ils sont morts comme des saints. Le R. P. Captier, alla avec sa phalange, rejoindre l'immortel Lacordaire, dont il avait été le compagnon et l'ami (1).

Ce n'était pas assez de tous ces massacres ; des accidents déplorables vinrent encore augmenter l'effroi général. Le 17 mai, la cartoucherie du Gros-Caillou fit explosion. On évalue à trois cent cinquante le nombre des tués ; quant à ceux qui ont été plus ou moins gravement atteints, on en ignore le chiffre. Quel aspect terrible que cet amas de cadavres calcinés, ces membres épars, ces têtes détachées du tronc, cette fange sanglante, ces débris noircis !

Ce fut un cri unanime d'horreur et de pitié ; on accourut de toutes parts pour relever les blessés ; les maisons les plus voisines leur donnent, avec une généreuse hospitalité, les premiers soins que réclament leur état.

Que de scènes émouvantes se sont passées sur ce théâtre funeste. Ici c'est un père qui découvre le cadavre de son fils ; là une mère reconnaît, à quelques lambeaux à demi-brûlés, le corps de sa petite-fille, qui n'est plus qu'une forme humaine entièrement carbonisée.

Ailleurs, une femme cherche son mari, et se demande,

(1) Voir la relation de la mort de ces victimes dans ma brochure *le Roi Sauveur est aux portes de la France.*

devant un amas difforme de chair et d'os, si ce n'est pas là tout ce qui reste du père de ses enfants.

Que font les fédérés? Ils promettent au peuple une vengeance éclatante, bien entendu. Versailles est l'auteur de ce sinistre : ses émissaires ont mis le feu à la poudrière. A quoi songe la Commune? La hyène a soif, on va la désaltérer. Des soldats de l'armée de l'ordre sont en leur pouvoir, on les massacre. Les uns périssent par les balles, les autres sont lardés de coups de baïonnettes. On a retrouvé un de ces malheureux pendu par les cheveux et transpercé, de part en part, de coups d'épée et de poignard.

Quelque infâmes que soient ces procédés, ils pâlissent à côté de cette cruauté dont on ne trouve point d'exemple, sinon du temps des persécutions de Néron. On le devine, je veux parler du supplice d'un jeune et vaillant capitaine, M. de Sigoyer. A la suite d'un engagement, il eut le malheur de tomber entre les mains des fédérés, qui saluèrent cette capture par des cris de joie et de rage. « Faut le brûler ! ce.... s'écrie une des *compagnonnes*, et, là-dessus, la bande infernale imbibe les habits du captif de pétrole, et l'arrose entièrement de ce liquide pernicieux, Puis elle le traîne à travers le quartier, au milieu des hurlements les plus féroces ; les commères se surpassent et tâchent d'attirer par leurs exclamations le plus de monde possible. Enfin, après deux longues heures d'une agonie sans pareille, on se décide à mettre le feu à cet holocauste vivant. La victime mourut en héros et en chrétien. Sa force d'âme dans le supplice égalait sa bravoure sur le champ de l'honneur. Aucune malédiction ne s'échappa de ses lèvres ; ses dernières paroles furent pour sa pauvre mère et sa patrie. Ah ! nous l'avons entendu cet adieu sublime, et ton nom, illustre victime, restera gravé au fond de nos cœurs.

On a vu des hommes, vieillis dans le vice et l'infamie,

pâlir à la vue de cette torture; sous un prétexte quelconque ils ont quitté la scène de l'horreur, mais les citoyennes n'ont pas changé de place; ce sont ces monstres qui activaient la flamme par des jets de pétrole et qui osèrent fouler aux pieds les cendres du martyr.

La langue humaine n'a pas de paroles pour traduire ce que le cœur ressent à la vue de pareilles scènes! Mais rappelons-nous que ces créatures sans nom étaient sorties presque toutes de repaires de vice; avant la Révolution, la société les avait rejetées de son sein avec la flétrissure de courtisanes.

Et dire qu'un édit promulgué le lendemain de l'explosion accorde à tout garde national le pouvoir d'arrêter les personnes suspectes!!! Ajoutons, pour l'instruction du lecteur, qu'on désignait ainsi les femmes honnêtes.

Se montre-t-il aux yeux des fédérés un groupe de gens vêtus comme il faut, les communards font feu, les considérant comme royalistes. C'était à tel point qu'on n'osa plus sortir avec des habits convenables. La malpropreté et les guenilles trouvaient seules grâce devant ces fanatiques.

VI

Sur ces entrefaites, on décida la destruction de la chapelle expiatoire du grand martyr Louis XVI. Un homme d'honneur, aimant également son Dieu et son roi, va trouver le membre de la Commune chargé de présider à cette démolition, et lui demande d'acheter en bloc les vases sacrés et le linge des autels. Celui-ci consent, contre le remboursement immédiat de 5,000 fr. Une souscription eut bientôt réalisé cette somme. Aujourd'hui le tout est expédié à Frohsdorf. Une remarque digne d'être relevée, c'est que tous ces objets portaient le chiffre des Bourbons; ils ont été donnés au sanctuaire par les descendants illustres de S. Louis.

Vers la même date, les communards commencèrent à mettre en exécution leur système incendiaire. C'était un moyen fort simple de détruire une ville dont ils prévoyaient ne plus être les maîtres dans peu de jours. Leur procédé était très humain. Un de leurs délégués se place au milieu de la rue destinée à être livrée aux flammes et prévient les habitants que, à telle heure, le feu y sera mis. Un sauve-qui-peut général suit cette sentence foudroyante, et, le soir venu, il y a à Paris quelques centaines de mendiants de plus. Parfois on tente de négocier avec les incendiaires. Ainsi, le petit Saint-Thomas donna à la Commune 50,000 fr. pour préserver ses magasins. On le lui promit et on les brûla quand même. Le Palais-Royal, les Tuileries, l'Hôtel de ville, le Palais de Justice, l'Elysée et tant d'autres monuments dont les feuilles publiques ont donné la liste, n'offrent plus à l'œil du spectateur qu'un amas de cendres et de ruines.

La cathédrale de la France, Notre-Dame, n'échappa que par un prodige à une destruction totale. Les fédérés y avaient déposé plusieurs barils de poudre. Un des leurs, après l'entrée des Versaillais, fut allumer une mèche qui, dans trois quarts-d'heure, devait amener une explosion terrible. Au moment où il sortait de l'édifice, ce malheureux fut blessé à mort. Rentrant en lui-même, il demanda à grands cris un prêtre aux personnes qui le transportèrent dans une ambulance. Dès que le ministre de Dieu parut, il lui cria : *Courez à Notre-Dame, je viens d'y allumer une mèche pour la faire sauter, mais faite vite, où il sera trop tard.* On va prévenir les autorités, qui mandent immédiatement des agents sur les lieux indiqués. On arrive juste à temps ; encore dix minutes et la flamme aurait gagné la poudre.

L'auguste Reine des cieux n'a pas voulu que la Commune détruise le temple où la France entière s'est consacrée à Marie.

Heureusement ce régime infernal touchait à sa fin. Les derniers jours de son règne furent les plus terribles ; on pénétra dans toutes les maisons; on arracha de force les hommes valides pour les mener au feu, ayant toujours soin de les mettre en avant pour se faire un rempart de leurs corps. Les badigeonneurs de pétrole avancèrent rapidement dans leur besogne diabolique. On prépara tout pour une explosion formidable et l'incendie des édifices. Les libations de liqueurs spiritueuses furent redoublées ; on sentait que le grand coup approchait. L'armée enveloppait Paris. La plupart des forts étaient en son pouvoir; un stratagème, habilement combiné, devait la rendre maîtresse de la ville. Tandis que la colère et la furie des fédérés éclataient dans des actes encore plus barbares que les antérieurs, ceux qui pouvaient arriver aux églises étrangères, protégées par leur pavillon national, se prosternaient aux pieds des autels, demandant à Dieu le triomphe du bon droit. Les généraux Vinoy, Ladmirault, Clinchant bombardaient, avec une activité incroyable. Les obus tombaient par minutes. Le 22 mai au soir, M. Clément, ingénieur civil, agitant un mouchoir blanc, attira l'attention des assiégeants. Précipitez-vous, s'écriait-il, à la distance de 600 mètres de l'endroit où je me trouverai, aucun insurgé n'est visible. Le colonel du 37e de ligne, accompagné seulement d'un sergent, va planter le drapeau tricolore sur les fortifications. Les soldats le suivent avec un enthousiasme indescriptible. Dans la nuit suivante, à trois heures et demie du matin, cent mille hommes pénètrent dans Paris. Quant au vaillant général Douai, il s'obstina à entrer par la brèche que ses soldats avaient ouverte.

Tous, chefs et soldats, étaient animés d'un enthousiasme frénétique. Ils savaient que la France entière avait les yeux fixés sur eux. Elle n'oubliera jamais les noms de Mac-Mahon, des généraux de Cissey, Douai, Vinoy, Clinchant, Ladmirault, dont la tactique admirable a réussi de s'emparer de la ville sans presque aucune perte du côté de l'armée (1).

Bientôt on fut maître de tous les points. Plusieurs barricades résistèrent cependant avec beaucoup d'énergie. Messieurs les insurgés défendaient leurs têtes en même temps que leurs fortifications improvisées.

Des incendies éclatèrent sur tous les points. L'armée, admirable de sang-froid, d'ardeur et de courage, triompha des hommes et des éléments.

Bientôt, il n'y avait pas moins de 30,000 prisonniers au camp de Versailles. Rien n'égale l'expression abrutie de ces ivrognes sanguinaires. Maintenant que les vapeurs de l'ivresse se sont dissipées, leurs physionomies montrent une telle dégration, un hébêtement si complet, que l'on se demande si ce sont là des êtres raisonnables. Les femmes ne manquent pas dans leurs rangs. Elles soulèvent encore davantage le cœur de dégoût et d'aversion.

« Nos troupiers les traitent de manière à ce que nous sommes obligés de nous boucher les oreilles, » écrit un des vaillants capitaines du 109ᵉ de ligne, M. Imbert, un enfant de la Provence, qui, pour sa part, a bien contribué au succès de l'armée (2).

En attendant le jugement qui doit être porté sur cette foule de criminels, on les surveille sévèrement, ce qui ne les

(1) On se souviendra de même, dans les jours à venir, du général de Charette et de ses zouaves, la terreur des Prussiens et des mauvais Français. Dans cette phalange d'élite, l'amour de la France et de son roi n'a d'égal que celui de Dieu. Qu'il est beau de voir leur courageux chef se consacrer, avec son armée, au Cœur de Jésus ! Qui saura vaincre de tels soldats ?

(2) Voir la *Gazette du Midi*, nº 11,775.

a pas empêchés de mettre le feu à la paille de leur couche, pour essayer une évasion qui malheureusement a réussi pour plusieurs.

Les principaux chefs ont cru prudent de s'enfuir avant l'entrée des Versaillais. Ainsi, Rochefort prit le chemin de l'étranger et fut arrêté à Meaux. Conduit à Versailles, il a été reçu par la population par un seul cri, mais il aurait tué cent fois un homme d'honneur. *Oh! le lâche!* et c'était dit avec une expression si vive de mépris, que le prisonnier, malgré toute sa cuirasse de fausse conviction, a pâli et tremblé.

Raoul, Reboul, Delescluze, Félix Pyat, Pascal Grousset, et d'autres, qu'il serait trop long d'énumérer, ont cherché aussi de se soustraire à la vengeance de la justice ; par bonheur pour l'humanité, leur tentative a échoué. Cluseret a eu la chance de trouver la mort sur une barricade : Dombrowski voulut prendre la fuite, les Prussiens lui ont barré le passage ; Taillard a été passé par les armes. De nombreuses exécutions ont déjà eu lieu : inutile de dire que peu d'entre eux savent mourir, il faudrait avoir de l'honneur pour regarder la mort en face.

Jusqu'au dernier moment, les soldats constatèrent qu'ils avaient à faire à des fanfarons et des lâches. 300 insurgés, réfugiés dans l'église Saint-Laurent, postent un chirurgien à la porte, qui prétend que tout l'édifice est rempli de blessés. Les habitants du quartier, las des vexations de cette bande, détrompent nos guerriers, et les fédérés reçoivent le châtiment mérité.

Quelque criminel que soit un individu, il est toujours pénible d'ôter la vie à un homme ; cependant, nos soldats ne pouvaient s'empêcher d'une certaine satisfaction, en voyant tomber ces révolutionnaires. C'était rendre service à la

France et au monde entier que de débarrasser la terre de ses sanguinaires seïdes.

Italiens, Polonais, Allemands, tous esprits bas et exaltés par les idées inqualifiables de leurs chers compagnons, les garibaldiens, semblaient s'être donné rendez-vous à Paris ; on les a traités comme il le méritaient.

Un bon militaire se trouva de garde près d'un des insurgés qu'on devait fusiller dans dix minutes ; il chercha à lui inspirer quelques pensées de foi. Son interlocuteur, le regardant d'un air de mépris souverain, lui réplique : *Garde tes belles paroles, ce sont des fictions imaginaires, Dieu n'est qu'un mot.*

Un autre des chefs, sur le point d'être exécuté, refusa de même l'assistance d'un prêtre par des paroles qu'il n'est point permis de révéler ; en revanche, il se tordait aux pieds des soldats et se roulait par terre comme un possédé, demandant à grands cris qu'on lui fît grâce de la vie.

Beaucoup d'entre eux se disent innocents et renient leur conviction à l'heure suprême, espérant par là d'échapper au châtiment. Ils sont aussi lâches qu'ils ont été cruels. A la vue d'un de ces infâmes qui avait trempé ses mains dans le sang des Versaillais, fusillés au 18 mars, et osait encore demander la vie sauve, prétendant qu'il avait été forcé au crime, un des troupiers s'écria : *Ces gens-là feraient rougir le diable en personne,* et là-dessus, il déchargea son fusil.

On assure que plus de 10,000 jeunes gens se trouvaient cachés au fond des caves pour échapper à une conscription honteuse. Depuis deux mois, ils étaient privés d'air et de lumière, on aurait dit des spectres vivants. Encore, valait-il mieux se résoudre à cette incarcération que se voir assimilés aux ôtages. Les insurgés en avaient pris dans toutes les classes, surtout beaucoup de prêtres ; et Dieu seul peut savoir toutes les avanies qu'ils leur ont fait subir. Ils aimaient à les traîner sur les barricades et à les insulter de toute manière. Au moment où l'armée entra à Paris, leur premier soin fut de les transférer dans une prison sûre. Monseigneur Darboy, archevêque de Paris, était du nombre. Depuis le commencement de sa captivité, il avait été en proie à toutes sortes de mauvais traitements. Dans l'endroit de sa dernière réclusion, il trouvait un geôlier moins barbare, qui lui procura une table et une mauvaise chaise pour meubler sa triste cellule. Un soir, on entre dans le cachot et somme le vénérable prélat de descendre dans la cour ; il se rend à l'endroit indiqué où l'attendaient d'autres compagnons d'infortune. C'était là qu'il devait mourir; l'illustre pontife adressa à ses bourreaux quelques mots de pardon. Deux d'entre eux se précipitèrent à ses genoux et s'enfuirent au loin; les autres, continuent à vomir contre leurs victimes les injures les plus abominables, au point que leur commandant lui-même en fut outré, et leur ordonna de faire feu sans plus de retard.

Espérons que les martyrs joindront leurs prières à celles des héros qui les ont précédés afin d'obtenir grâce et miséricorde pour la France.

On se disposa à fusiller les ôtages qui restaient encore ; mais ceux-ci, profitant du moment favorable, tombent sur le poste qui est de garde, le désarment et se barricadent dans la prison. Les soldats de l'armée eurent toutes les peines à leur faire comprendre, à quelques heures de là, qu'ils venaient pour les délivrer.

VII

On pourrait remplir des volumes, si l'on voulait inscrire toutes les actions, tous les crimes des fédérés. En ce moment, où la main de Dieu s'est appesantie sur eux, ne les voit-on pas continuer dans l'ombre leur œuvre détestable ? Des femmes, des enfants, cherchent à propager l'incendie au moyen du pétrole ; on arrête une dame bien mise, qui cache un flacon plein d'une substance inflammable dans un bouquet ; des pompiers, qui paraissent vouloir éteindre les flammes, y lancent des jets de pétrole ; des sentinelles sont tuées sans qu'on puisse savoir l'assassin ; des émeutiers cherchent à soulever la populace contre la troupe. Je dis la populace, car le bon Parisien n'oubliera pas qu'à juste titre il a acclamé l'armée comme sa libératrice.

Et quand finira cet état de chose ? Quand donc la France, tranquille au dedans, respectée au dehors, reviendra-t-elle la nation chérie de Dieu, la protectrice de l'Eglise, l'arbitre des destinées du monde ?

Ecoutons les prophéties : elles nous disent toutes qu'un seul peut sauver la France ; un seul saura guérir ses maux et faire refleurir dans son sein, avec le culte de ses pères, le bonheur et la prospérité. Ai-je besoin de nommer celui que l'oracle désigne, celui que nos cœurs et nos vœux appellent ? Oh ! non, chacun le sait, *la France et Rome attendent leur salut d'Henri V* (1).

---

(1) Voir ma brochure, *Pie IX et Henri V*, où se trouve la prophétie inédite de S. Césaire, exactement accomplie jusqu'à ce jour ; quoi de plus frappant que la chute de Paris : *La Babylone de la Gaule tombera dans un grand incendie, noyée dans le sang.*

www.ingramcontent.com/pod-product-compliance
Lightning Source LLC
Chambersburg PA
CBHW061701050726
47598CB00004B/1633